# 고려대 재미있는 한국어

## 읽기 Reading

고려대학교 한국어센터 편

**3**

KOREA
UNIVERSITY
PRESS
고려대학교
출판문화원

고려대학교 한국어센터는 1986년 설립된 이래 한국어와 한국 문화를 재미있게 배우고 효과적으로 가르치는 방법을 연구해 왔습니다. 《고려대 한국어》와 《고려대 재미있는 한국어》는 한국어센터에서 내놓는 세 번째 교재로 그동안 쌓아 온 연구 및 교수 학습의 성과를 바탕으로 하고 있습니다.

이 책의 가장 큰 특징은 한국어를 처음 접하는 학습자도 쉽게 배워서 바로 사용할 수 있도록 구성했다는 점입니다. 한국어 환경에서 자주 쓰이는 항목을 최우선하여 선정하고 이 항목을 학습자가 교실 밖에서 사용할 수 있도록 연습 기회를 충분히 그리고 다양하게 제공하고 있습니다.

이 책을 내기까지 많은 분들의 도움을 받았습니다. 먼저 지금까지 고려대학교 한국어센터에서 한국어를 공부한 학습자들께 감사드립니다. 쉽고 재미있는 한국어 교수 학습에 대한 학습자들의 다양한 요구가 없었다면 이 책은 나오지 못했을 것입니다. 그리고 한국어 학습자들의 요구에 부응하기 위해 열정적으로 교육과 연구에 헌신하고 계신 고려대학교 한국어센터의 선생님들께도 감사드립니다.

무엇보다 한국어 학습자와 한국어 교원의 요구 그리고 한국어 교수 학습 환경을 종합적으로 고려한 최상의 한국어 교재를 위해 밤낮으로 고민하고 집필에 매진하신 저자분들께 깊은 감사를 드립니다. 이 밖에도 이 책이 보다 멋진 모습을 갖출 수 있도록 도와주신 고려대학교 출판문화원의 윤인진 원장님과 직원 여러분께도 감사드립니다. 그리고 집필진과 출판문화원의 요구를 수용하여 이 교재에 맵시를 입히고 멋을 더해 주신 랭기지플러스의 편집 및 디자인 전문가, 삽화가의 노고에도 깊은 경의를 표합니다.

부디 이 책이 쉽고 재미있게 한국어를 배우고자 하는 한국어 학습자와 효과적으로 한국어를 가르치고자 하는 한국어 교원 모두에게 도움이 되기를 바랍니다. 또한 앞으로 한국어 교육의 내용과 방향을 선도하는 역할도 아울러 할 수 있게 되기를 희망합니다.

2020년 9월

국제어학원장 김 정 숙

《고려대 한국어》와 《고려대 재미있는 한국어》는 '형태를 고려한 과제 중심 접근 방법'에 따라 개발된 교재입니다. 《고려대 한국어》는 언어 항목, 언어 기능, 문화 등이 통합된 교재이고, 《고려대 재미있는 한국어》는 말하기, 듣기, 읽기, 쓰기로 분리된 기능 교재입니다.

《고려대 한국어》 3A와 3B가 100시간 분량, 《고려대 재미있는 한국어》 말하기, 듣기, 읽기, 쓰기가 100시간 분량의 교육 내용을 담고 있습니다. 200시간의 정규 교육 과정에서는 여섯 권의 책을 모두 사용하고, 100시간 정도의 단기 교육 과정이나 해외 대학 등의 한국어 강의에서는 강의의 목적이나 학습자의 요구에 맞는 교재를 선택하여 사용할 수 있습니다.

## < 고 려 대 재 미 있 는 한 국 어 >의 특징

▶ **한국어 사용 환경에 놓이지 않은 학습자도 쉽게 배울 수 있습니다.**
  • 한국어 표준 교육 과정에 맞춰 성취 수준을 낮췄습니다. 핵심 표현을 정확하고 유창하게 사용하는 것이 목표입니다.
  • 제시되는 언어 표현을 통제하여 과도한 입력의 부담 없이 주제와 의사소통 기능에 충실할 수 있습니다.
  • 알기 쉽게 제시하고 충분히 연습하는 단계를 마련하여 학습한 내용의 이해에 그치지 않고 바로 사용할 수 있습니다.

▶ **학습자의 동기를 이끄는 즐겁고 재미있는 교재입니다.**
  • 한국어 학습자가 가장 많이 접하고 흥미로워하는 주제와 의사소통 기능을 다룹니다.
  • 한국어 학습자의 특성과 요구를 반영하여 실제적인 자료를 제시하고 유의미한 과제 활동을 마련했습니다.
  • 한국인의 언어생활, 언어 사용 환경의 변화를 발 빠르게 반영했습니다.
  • 친근하고 생동감 있는 삽화와 입체적이고 감각적인 디자인으로 학습의 재미를 더합니다.

## <고려대 재미있는 한국어 3>의 구성

▶ 말하기 18단원, 듣기 12단원, 읽기 12단원, 쓰기 12단원으로 구성하였으며 한 단원은 내용에 따라 1~4시간이 소요됩니다.

▶ 각 기능별 단원 구성은 아래와 같습니다.

| 🔊 말하기 | 도입 | 배워요 1~2 | 말해요 1~3 | 자기 평가 |
|---|---|---|---|---|
| | 학습 목표 생각해 봐요 | 주제, 기능 수행에 필요한 어휘와 문법 제시 및 연습 | • 형태적 연습/유의적 연습<br>• 의사소통 말하기 과제<br>• 역할극/인터뷰/게임 등 | |

| 🎧 듣기 | 도입 | 들어요 1 | 들어요 2~3 | 자기 평가 | 더 들어요 |
|---|---|---|---|---|---|
| | 학습 목표 생각해 봐요 | 어휘나 표현에 집중한 부분 듣기 | 주제, 기능과 관련된 다양한 듣기 | | 표현, 기능 등이 확장된 듣기 |

| 📖 읽기 | 도입 | 읽어요 1 | 읽어요 2~3 | 자기 평가 | 더 읽어요 |
|---|---|---|---|---|---|
| | 학습 목표 생각해 봐요 | 어휘나 표현에 집중한 부분 읽기 | 주제, 기능과 관련된 다양한 읽기 | | 표현, 기능 등이 확장된 읽기 |

| ✏️ 쓰기 | 도입 | 써요 1 | 써요 2 | 자기 평가 |
|---|---|---|---|---|
| | 학습 목표 | 어휘나 표현에 집중한 문장 단위 쓰기 | 주제, 기능에 맞는 담화 차원의 쓰기 | |

▶ 교재의 앞부분에는 '이 책의 특징'을 배치했고, 교재의 뒷부분에는 '정답'과 '듣기 지문'을 부록으로 넣었습니다.

▶ 모든 듣기는 MP3 파일 형태로 내려받아 들을 수 있습니다.

## <고려대 재미있는 한국어 3>의 목표

새로운 생활, 나의 성향, 공공 규칙, 생활비 관리 등 중급 수준에서 다루어야 하는 개인적, 사회적 주제에 대해 단락 단위로 이해하고 표현할 수 있습니다. 동아리 가입, 여행 계획 세우기, 공공장소 이용, 생활용품 구입 등을 통해 사회적 관계를 맺거나 사회적 맥락에서의 의사소통 기능을 수행할 수 있습니다. 구어와 문어, 격식체와 비격식체가 사용되는 맥락을 이해하고 정확하고 적절하게 사용할 수 있습니다.

# 이 책의 특징

## 단원 제목

• 단원의 제목입니다.

## 학습 목표

• 단원의 의사소통 목표입니다.

## 생각해 봐요

• 그림이나 사진을 보며 단원의 주제 또는 기능을 생각해 봅니다.

## 읽어요 2, 3

• 단원의 주제와 기능이 구현된 담화 단위의 의사소통적 읽기 과제 활동입니다.
• 읽어요 2와 3은 담화의 내용, 필자의 태도, 격식, 텍스트 장르 등에 차이를 두었습니다.

1) 어떤 모임이나 회사에 새로 온 사람을 축하하는 모임입니다.    _____

2) 동아리 회식을 할 때 이 사람이 없으면 안 됩니다. 회비를 가지고 있기 때문입니다.    _____

3) 이 사람은 이번에 동아리에 처음 가입했습니다. 앞으로 즐겁게 활동하면 좋겠습니다.    _____

4) 보통 모임이 끝난 후에 합니다. 회원들이 음식을 먹으면서 모임에 대해 이야기합니다.    _____

 읽어요 2

1 다음을 읽고 이 사람의 직업으로 맞는 것을 고르십시오.

>  **안녕하세요. 간단한 소개와 하시는 일에 관심을 갖게 된 계기를 말씀해 주세요.**
>
> A  제 이름은 임현일이라고 합니다. 현재 영이라는 이름으로 활동하고 있습니다. 대학과 대학원에서 미술을 전공해서 그림을 가까이 하며 살았습니다. 주변 사람들에게 그림을 그려 주는 걸 좋아했는데 어느 날 제 그림으로 책 표지를 만들고 싶어 하는 사람을 만났어요. 그 후 책 표지, 달력, 수첩 등 다양한 곳에 제 그림이 사용되고 있습니다.
> ⋮
>
>  **작가님의 앞으로의 계획은 무엇입니까?**
>
> A  저는 저희 부모님처럼 서로 사랑하고 행복하게 사는 것이 꿈입니다. 일상에서의 작은 행복을 표현하고 그것을 다른 사람들과 나누며 살고 싶습니다.

① 책을 쓰는 사람          ② 달력을 만드는 사람          ③ 그림을 그리는 사람

2 다시 읽고 내용과 같은 것을 고르십시오.

① 이 사람은 일을 할 때 다른 이름을 사용합니다.

② 이 사람은 부모님의 소개로 이 일을 알게 되었습니다.

③ 이 사람은 대학에서 공부한 것과 다른 일을 하고 있습니다.

---

## 읽어요 1

- 단원의 주제를 표현하거나 기능을 수행하는 데 필요한 어휘 및 문법 표현에 초점을 둔 읽기 연습 활동입니다.
- 문장 단위의 읽기입니다.

---

2 다시 읽고 내용과 같은 것을 고르십시오.

① 경찰이 버스에서 가방을 발견했습니다.

② 외국인 A 씨는 전화를 하면서 버스에서 내렸습니다.

③ 가방 안에 있던 수첩에 연락처가 쓰여 있었습니다.

> 당황스러운 일에 대한 글을 읽고 이해할 수 있어요?    □□□□□□

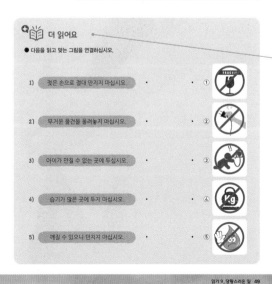 더 읽어요

● 다음을 읽고 맞는 그림을 연결하십시오.

1) 젖은 손으로 절대 만지지 마십시오.    •          • ①

2) 무거운 물건을 올려놓지 마십시오.    •          • ②

3) 아이가 만질 수 없는 곳에 두십시오.    •          • ③

4) 습기가 많은 곳에 두지 마십시오.    •          • ④

5) 깨질 수 있으니 던지지 마십시오.    •          • ⑤

---

## 자기 평가

- 학습 목표의 달성 여부를 학습자가 스스로 점검합니다.

## 더 읽어요

- 확장된 읽기 과제 활동입니다.
- 주제와 기능이 달라지거나 실제성이 강조된 읽기입니다.
- 단원의 성취 수준을 다소 상회하는 수준의 읽기로 단원의 목표에는 포함되지 않습니다. 학습자 수준에 따라 선택적으로 활동을 합니다.

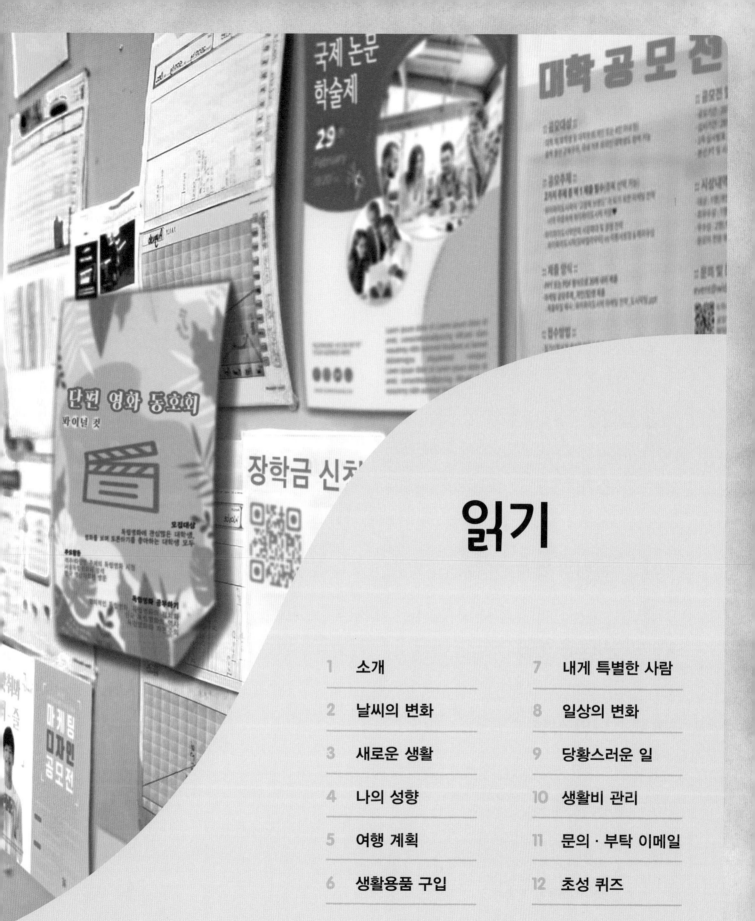

# 읽기

1  소개

2  날씨의 변화

3  새로운 생활

4  나의 성향

5  여행 계획

6  생활용품 구입

7  내게 특별한 사람

8  일상의 변화

9  당황스러운 일

10  생활비 관리

11  문의 · 부탁 이메일

12  초성 퀴즈

# 차례

책을 내며 ........................................ **3**

이 책의 특징 ................................. **4**

읽기 1    **소개** ................................................................................................. **12**

읽기 2    **날씨의 변화** ................................................................................. **16**

읽기 3    **새로운 생활** ................................................................................. **20**

읽기 4    **나의 성향** ...................................................................................... **24**

읽기 5    **여행 계획** ...................................................................................... **29**

읽기 6    **생활용품 구입** ........................................................................... **34**

읽기 7 　　**내게 특별한 사람** ......................................................... **38**

읽기 8 　　**일상의 변화** ............................................................. **42**

읽기 9 　　**당황스러운 일** ........................................................... **46**

읽기 10 　　**생활비 관리** ............................................................. **50**

읽기 11 　　**문의·부탁 이메일** ...................................................... **54**

읽기 12 　　**초성 퀴즈** ............................................................... **58**

**부록**

정답 .............................................................. **60**

# 읽기 1
# 소개

자기소개 정보를 읽고 이해할 수 있다.

 생각해 봐요

● 다음을 보고 누가 쓴 글인지 그리고 어디에서 이런 글을 볼 수 있는지 이야기하십시오.

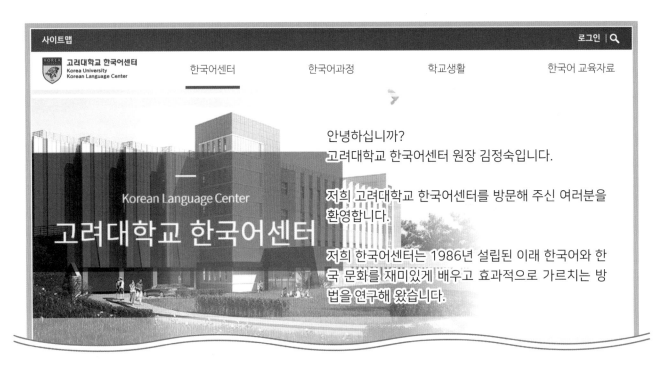

사이트맵                                                     로그인 | 🔍

고려대학교 한국어센터
Korea University
Korean Language Center

한국어센터        한국어과정        학교생활        한국어 교육자료

Korean Language Center
고려대학교 한국어센터

안녕하십니까?
고려대학교 한국어센터 원장 김정숙입니다.

저희 고려대학교 한국어센터를 방문해 주신 여러분을 환영합니다.

저희 한국어센터는 1986년 설립된 이래 한국어와 한국 문화를 재미있게 배우고 효과적으로 가르치는 방법을 연구해 왔습니다.

 읽어요 1

1 무엇에 대한 설명입니까? 다음을 읽고 맞는 번호를 쓰십시오.

① 신입 회원          ② 회장          ③ 총무

④ 환영회          ⑤ 환송회          ⑥ 뒤풀이

**1)** 어떤 모임이나 회사에 새로 온 사람을 축하하는 모임입니다. _____

**2)** 동아리 회식을 할 때 이 사람이 없으면 안 됩니다. 회비를 가지고 있기 때문입니다. _____

**3)** 이 사람은 이번에 동아리에 처음 가입했습니다. 앞으로 즐겁게 활동하면 좋겠습니다. _____

**4)** 보통 모임이 끝난 후에 합니다.  회원들이 음식을 먹으면서 모임에 대해 이야기합니다. _____

 ## 읽어요 2

**1** 다음을 읽고 이 사람의 직업으로 맞는 것을 고르십시오.

> **Q** **안녕하세요. 간단한 소개와 하시는 일에 관심을 갖게 된 계기를 말씀해 주세요.**
>
> **A** 제 이름은 임헌일이라고 합니다. 현재 영이라는 이름으로 활동하고 있습니다. 대학과 대학원에서 미술을 전공해서 그림을 가까이 하며 살았습니다. 주변 사람들에게 그림을 그려 주는 걸 좋아했는데 어느 날 제 그림으로 책 표지를 만들고 싶어 하는 사람을 만났어요. 그 후 책 표지, 달력, 수첩 등 다양한 곳에 제 그림이 사용되고 있습니다.
>
> ⋮
>
> **Q** **작가님의 앞으로의 계획은 무엇입니까?**
>
> **A** 저는 저희 부모님처럼 서로 사랑하고 행복하게 사는 것이 꿈입니다. 일상에서의 작은 행복을 표현하고 그것을 다른 사람들과 나누며 살고 싶습니다.

① 책을 쓰는 사람　　　　② 달력을 만드는 사람　　　　③ 그림을 그리는 사람

**2** 다시 읽고 내용과 같은 것을 고르십시오.

① 이 사람은 일을 할 때 다른 이름을 사용합니다.

② 이 사람은 부모님의 소개로 이 일을 알게 되었습니다.

③ 이 사람은 대학에서 공부한 것과 다른 일을 하고 있습니다.

 **읽어요 3**

1 다음 신청서를 보고 알 수 <u>없는</u> 것을 고르십시오.

# 신  청  서

| 성명 | (한글) 김 안 나　　　　　(영문) KIM ANNA |
|---|---|
| 생년월일 | 2004년 8월 15일 |
| 소속 | 고려대학교 문과대학 영어영문학과 2학년 |
| 주소 | (06655) 서울시 서초구 반포대로 121 |
| 연락처 | 휴대전화  010-3232-1234<br>email    anananana@korea.ac.kr |
| 가입 계기 | 어릴 때부터 동물을 좋아하고 동물 보호에 관심이 많았음.<br>현재 고양이 2마리를 키우고 있음.<br>인터넷에서 이 모임 회장님의 인터뷰를 보고 알게 되었음. |
| 활동 계획 | 집도 없고 돌봐 줄 사람도 없는 고양이나 강아지를 돕고 싶음.<br>주말과 방학에도 모임에 꼭 참석해서 열심히 활동할 계획임. |

① 이름　　　　　② 직업　　　　　③ 사는 곳　　　　　④ 앞으로의 꿈

2 다시 읽고 내용과 같은 것을 고르십시오.

① 이 모임은 방학에는 활동을 하지 않습니다.

② 이 사람은 동물을 키워 본 경험이 없습니다.

③ 이 모임은 주인이 없는 동물을 돌보는 일을 합니다.

| 자기소개 정보를 읽고 이해할 수 있어요? | ☆ ☆ ☆ ☆ ☆ |
|---|---|

## 📖 더 읽어요

● 다음은 사람을 소개하는 내용입니다. 읽고 Ⓐ, Ⓑ에 들어갈 알맞은 사진을 고르십시오.

| Ⓐ | |
|---|---|
| 홍강인(洪康仁 / Gang-In Hong) | |
| 성별 | 남 |
| 출생 | 1997년 07월 07일 |
| | 강원도 춘천시 후평동 |
| 국적 | 🇰🇷 대한민국 |
| 가족 | 부: 홍선웅, 모: 장미영, 형: 홍강민, 여동생: 홍정아 |
| 출신학교 | 동산고등학교(졸업) |
| 신체 | 188cm, 79kg, AB형 |
| 직업 | 축구선수 |
| 소속 | 성북FC |
| 등번호 | 대한민국 축구 국가대표팀 : 7 성북FC : 7 |

| Ⓑ | |
|---|---|
| 에이미(Amy) | |
| 본명 | 손연지(Son YeonJi) |
| 성별 | 여 |
| 출생 | 2000년 5월 16일 |
| | 서울특별시 광진구 |
| 국적 | 🇺🇸 미국 |
| 가족 | 아버지: 손민우 어머니: 김정원 남동생: 손은태 |
| 신체 | 164cm, A형 |
| 직업 | 가수, 배우, 작사가 |
| 데뷔 | 2016년 9월 18일 Mnet |
| 소속사 | EMD |

① 　② 　③ 　④

● 다시 표를 보며 알게 된 정보를 이야기하십시오.

# 읽기 2
# 날씨의 변화

 날씨의 변화에 대한 글을 읽고 이해할 수 있다.

## 생각해 봐요

● 다음을 보고 알 수 있는 것을 이야기하십시오.

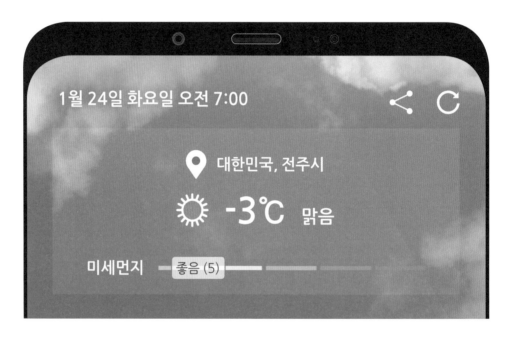

1월 24일 화요일 오전 7:00

대한민국, 전주시

☀ -3℃ 맑음

미세먼지 — 좋음 (5)

## 읽어요 1

1 다음 일기 예보 정보를 보고 내용과 같으면 ○, 다르면 ✕에 표시하십시오.

1)

| 내일 | |
|---|---|
| 오전 | 오후 |
| ☀ 3℃ 맑음 | ☁ 16℃ 구름많음 |

내일의 최고 기온은 3도, 최저 기온은 16도가 되겠습니다.

2)

| 오늘 | | | |
|---|---|---|---|
| 6시 | 12시 | 18시 | 24시 |
| 95% | 60% | 65% | 80% |

오늘 하루 중에 습도가 가장 높을 때는 오후 6시입니다.

◯　☒

3)

| 지역별 미세 먼지 | |
|---|---|
| 서울 | ☹ 매우 나쁨 |
| 제주 | ☺ 보통 |

서울은 오늘 미세 먼지가 심합니다. 제주는 서울보다 공기가 좋습니다.

◯　☒

4)

| 주간 날씨 | | |
|---|---|---|
| 목 | 금 | 토 |
| ☀ 0% | ☁ 30% | 🌧 80% |

점점 흐려져서 주말에는 비가 내리겠습니다.

◯　☒

 ## 읽어요 2

**1** 다음을 읽고 내용과 같으면 ◯, 다르면 ✕에 표시하십시오.

> **이번 주　주간 날씨**
>
> 지난 주말은 맑고 화창해서 단풍 구경하기 좋은 날씨였습니다. 이번 주의 시작인 월요일까지도 맑은 날씨가 계속되겠습니다. 월요일 최저 기온은 10도, 최고 기온은 15도로 주말보다 높겠습니다. 그렇지만 수요일 아침부터는 비가 내리는 곳이 많겠고 기온도 크게 낮아지겠습니다. 이 비가 그친 후에는 점점 쌀쌀해져서 금요일 아침에는 영하로 떨어지는 곳도 있겠습니다. 기다리는 첫눈은 다음 주에 볼 수 있을 것으로 예상됩니다.

**1)** 이번 주 주중에는 계속 비가 올 것입니다.    ↻    ✗

**2)** 올해에는 아직까지 눈이 내리지 않았습니다.    ↻    ✗

**2** 다시 읽고 이번 주 기온을 바르게 표시한 것을 고르십시오.

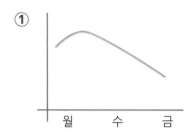

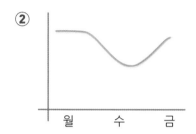

 **읽어요 3**

**1** 다음을 읽고 내용과 같은 것을 고르십시오.

> 베트남 호찌민은 일 년 내내 기온이 높아서 더울 때와 추울 때의 온도 차이가 크지 않습니다. 그리고 한국과 다르게 건기와 우기가 있습니다.
>
> 베트남 호찌민은 11월부터 4월까지가 건기입니다. 건기는 비가 거의 내리지 않는 때입니다. 최고 기온은 32도~35도, 최저 기온은 22도~26도로 낮에는 덥지만 아침과 밤에는 시원한 날씨입니다. 이때에는 습하지 않고 기온도 많이 높지 않아서 걸어 다니면서 여행하기 좋습니다.
>
> 5월부터 10월까지는 우기입니다. 우기는 (      ㉠      ). 매일 비가 많이 오는데 특히 7월부터 9월까지 많이 내립니다. 그렇지만 비가 하루 종일 계속 오는 것은 아니고 한두 시간 정도 잠깐 내린 후에 그칩니다. 최고 기온과 최저 기온은 건기 때와 비슷합니다.

**①** 건기 때는 우기 때보다 기온이 더 높습니다.

**②** 우기에는 하루 종일 비가 내립니다.

**③** 1년 중 가장 비가 많이 오는 때는 7월부터 9월입니다.

**2** 다시 읽고 ㉠에 들어갈 알맞은 문장을 쓰십시오.

[                                                          ]

| 날씨의 변화에 대한 글을 읽고 이해할 수 있어요? | ☆ ☆ ☆ ☆ ☆ |

 더 읽어요

● 다음을 읽고 ㉠에 들어갈 알맞은 말을 고르십시오.

한국에서는 매년 4월 5일이 나무를 심는 날, '식목일'입니다. 이날을 식목일로 한 것은 이때의 온도가 평균 6℃로 나무가 잘 자랄 수 있는 온도이기 때문입니다. 그런데 최근 날씨가 점점 따뜻해지면서 식목일의 온도도 평균 10℃로 높아졌습니다. 이렇게 온도가 높을 때 나무를 심으면 나무가 쉽게 죽을 수 있습니다. 그래서 식목일을 4월보다 (    ㉠    ) 3월로 옮기는 게 좋겠다는 이야기가 많습니다.

① 온도가 낮은          ② 휴일이 없는          ③ 비가 자주 오는

# 읽기 3
# 새로운 생활

새로운 생활에 대한 글을 읽고 이해할 수 있다.

 생각해 봐요

● 다음은 무엇에 대한 글입니까? 어디에서 이런 글을 볼 수 있는지 이야기하십시오.

## 기숙사에 오신 여러분, 환영합니다!!

기숙사 입사일은 2월 26일(수) 오후 2시부터입니다.
단, 식사는 3월 2일(화)부터 제공됩니다.

※ 기숙사 방 배정은 2월 24일(월) 학교 홈페이지에서 확인할 수 있습니다.

기숙사 관련 문의 : 02-3290-1234

 읽어요 1

1 다음을 읽고 맞는 표현을 찾아 쓰십시오.

| 채식주의자 | 할랄 음식 | 사다 먹다 | 시켜 먹다 |
|---|---|---|---|

| 구이 | 튀김 | 국 |
|---|---|---|

1) 고기를 먹지 않고 채소와 해산물을 주로 먹는 사람을 말합니다.

2) 식당에서 음식을 포장해서 집으로 가지고 와서 먹는 것을 말합니다.

3) 고기, 채소와 같은 음식 재료에 물을 많이 넣고 끓여서 만드는 요리입니다.

4) 식당에 가서 사 먹지 않고 전화나 앱으로 식당에 음식을 주문해서 먹는 것을 말합니다.

##  읽어요 2

**1** 다음을 읽고 이 사람이 왜 메일을 썼는지 고르십시오.

---

밍밍, 잘 지내지?

| MIA<br>나 ▼ | | 5월 20일 | ↩ ☆ ⋮ |

밍밍, 안녕.

그동안 잘 지냈어? 영국으로 돌아온 지 벌써 여섯 달이 지났네. 처음에는 한국에서 만난 친구, 한국 생활이 너무 그리워서 힘들었는데 지금은 좀 나아졌어. 너도 한국어 수업 마치고 중국으로 돌아갔지? 그동안 연락 못 해서 미안. 영국에 다시 돌아와서 집도 구하고 새로 취직도 해서 좀 바빴어.

오늘 메일을 쓴 것은 다름이 아니라 회사 일로 다음 달에 중국에 가게 되었는데 네 생각이 났기 때문이야. 중국에 갔을 때 너도 만나면 너무 좋을 것 같아. 3일부터 10일까지 있을 건데 그때 볼 수 있을까? 답장 기다릴게. SNS로 연락해도 돼.

미아

---

① 한국 생활이 그리워서

② 다시 만날 약속을 하려고

③ 새로 취직한 것을 알리려고

**2** 다시 읽고 내용과 같은 것을 고르십시오.

① 두 사람은 중국에서 처음 만났습니다.

② 미아는 6개월 전에 한국을 떠났습니다.

③ 두 사람은 SNS로 자주 연락을 했습니다.

 **읽어요 3**

**1** 다음을 읽고 집을 찾고 있는 사람에게 알맞은 집의 번호를 쓰십시오.

① ★ 관리비가 없는 깨끗한 반지하 ★

- ⊙ 1,000/35, 관리비 없음
- ⊙ 안암역(6호선) 15분 거리
- ⊙ 반지하, 방2

② ★ 고려대 근처 빌라 ★

- ⊙ 500/60, 관리비 5만 원
- ⊙ 고려대 후문
- ⊙ 5층, 방2
- ⊙ 엘리베이터 ○
- ⊙ 옵션

③ ★ 교통이 편리한 원룸 ★

- ⊙ 3,000/45, 관리비 3만 원
- ⊙ 버스정류장 1분 거리
- ⊙ 3층, 방1
- ⊙ 엘리베이터 ×

**1)** 교통이 불편해도 괜찮아요. 월세가 싸면 좋겠어요. _____

2) 혼자 쓸 방을 찾아요. 교통이 편리한 곳을 찾고 있어요. _____

3) 친구와 같이 살 거라서 방이 많으면 좋겠고 가구도 있었으면 좋겠어요. _____

| 새로운 생활에 대한 글을 읽고 이해할 수 있어요? | ☆ ☆ ☆ ☆ ☆ ☆ |

## 더 읽어요

● 다음을 읽고 순서에 맞게 단어를 쓰십시오.

### 호호 닭볶음면

1. 뚜껑을 열고 스프를 모두 꺼내 주세요.
2. 면 위에 끓는 물을 부으세요.
3. 뚜껑을 닫고 4분 동안 기다리세요.
4. 4분 후 물을 버린 후 소스와 치즈를 넣으세요.
5. 마지막으로 면과 스프를 잘 섞어서 드시면 돼요.

꺼내다, 넣다

닫다, 버리다

붓다, 섞다, 열다

먹다

# 읽기 4
# 나의 성향

성향에 대한 글을 읽고 이해할 수 있다.

 생각해 봐요

● 다음을 보고 두 사람의 성향이 어떻게 다른지 이야기하십시오.

내가 할 수 있을까? 안 되면 어떡하지?

하면 되지. 뭐가 걱정이야?

우리...
친해질 수 있을까?

N극 S극 성격

10:22

읽어요 1

1 다음 문자 메시지를 읽고 나는 어떤 성격의 사람인지 맞는 번호를 쓰십시오.

1)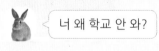

너 왜 학교 안 와?

나 지금 부산이야.

부산?? 부산에 왜 갔어?

날씨가 너무 좋은데 갑자기 바다가 보고 싶어서 ㅎㅎ

**2)** _____

총무님, 이번 주 동아리 모임, 식당에 전화 예약하셨죠?

물론입니다.

토요일 15명으로, 예약했습니다.

토요일이요? 우리 모임 금요일인데요…?

어? 맞다. 금요일로 옮겼지요?
죄송해요.. ㅠ
지금 다시 전호ㅏ 하ㄹ게요

전화할게요

**3)** _____

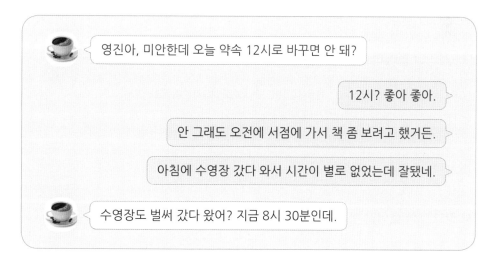

영진아, 미안한데 오늘 약속 12시로 바꾸면 안 돼?

12시? 좋아 좋아.

안 그래도 오전에 서점에 가서 책 좀 보려고 했거든.

아침에 수영장 갔다 와서 시간이 별로 없었는데 잘됐네.

수영장도 벌써 갔다 왔어? 지금 8시 30분인데.

① 게으르다    ② 꼼꼼하다    ③ 덤벙대다    ④ 부지런하다    ⑤ 충동적이다

**읽어요 2**

**1** 다음은 어떤 사람이 고민 상담 카페에 쓴 글입니다. 읽고 내용과 같은 것을 고르십시오.

 룸메이트 때문에 고민이에요. | 고민 해결 게시판

저는 지금 룸메이트를 한국에 와서 처음 만났습니다. 처음에는 월세도 아끼고 외롭지 않아서 좋았습니다. 게다가 그 친구가 저보다 한국어도 잘해서 도움을 많이 받았습니다. 그런데 요즘 고민이 있습니다. 룸메이트는 새로운 것에 관심이 많아서 주말이나 휴일에도 자주 밖에 나갑니다. 그런데 그때마다 꼭 저와 함께 나가고 싶어 해서 문제입니다. 주중에도 같이 밥을 먹고 학교도 같이 가는데 주말까지 함께 하는 것이 힘듭니다. 저는 조용히 혼자 쉬는 것을 좋아하기 때문입니다. 친구가 싫은 것은 아닌데 제 시간도 필요합니다. 저 어떻게 해야 할까요?

 해피트리(h-tre***)　　작성일: 04.11 17:15 조회 337　　　　　　 1:1 채팅

└, RE : (　　　　)

고민이 되시겠네요. 하지만 지금처럼 이야기를 하지 않으면 그 친구와 더 멀어질 수도 있습니다. 사람마다 성향이 다름을 잘 설명하면 친구도 이해해 줄 것입니다. 친구와 대화의 시간을 가져 보세요.

① 이 사람의 룸메이트는 이 사람과 같은 학교에 다닙니다.

② 이 사람의 룸메이트는 이 사람을 만나러 한국에 왔습니다.

③ 이 사람은 룸메이트와 함께 사는 것이 처음부터 싫었습니다.

**2** 다시 읽고 ㉠에 들어갈 내용으로 알맞은 것을 고르십시오.

① 마음에 있는 생각을 친구에게 솔직하게 말해 보세요.

② 실수를 두려워하지 말고 적극적으로 노력해 보세요.

③ 다른 사람의 말에 너무 신경 쓰지 말고 하고 싶은 일을 하세요.

 읽어요 3

**1** 다음을 읽고 이 글에서 말하는 내용과 같은 것을 고르십시오.

● 후회하지 않고 살려면? ●

1. 행복하게 사세요.

   지금 행복해야 합니다. 하루하루 재미있게 사세요.

2. (　　㉠　　) 결정하세요.

   내가 알고 있는 것, 내가 생각하는 것이 정답입니다.

   나를 믿고 내가 하고 싶은 대로 하세요.

3. 고민은 10분만 하세요.

   우리가 하는 고민의 96%는 안 해도 되는 걱정입니다.

   고민은 10분만 하고 웃으세요. 좋은 생각을 하면 좋은 일이 생깁니다.

4. 주위를 보면서 가세요.

   급하게 하면 실수가 많습니다.

   앞만 보고 뛰어가지 말고 옆도 보고 뒤도 보면서 느긋하게 가세요.

① 일을 할 때는 계획을 세워서 빨리 끝내야 해요.

② 긍정적으로 생각하고 내가 하고 싶은 일을 하는 게 좋아요.

③ 어떤 것을 결정하기 전에는 고민을 오래 하는 것이 더 좋아요.

**2** 다시 읽고 ㉠에 들어갈 알맞은 말을 고르십시오.

① 꼼꼼하게　　　② 계획적으로　　　③ 고민을 하고　　　④ 자신감을 갖고

성향에 대한 글을 읽고 이해할 수 있어요?　☆ ☆ ☆ ☆ ☆ ☆

## 더 읽어요

● 다음 그림 중에서 가장 마음에 드는 그림 하나를 고르십시오. 그리고 그에 대한 설명을 읽으십시오.

1)

2)

3)
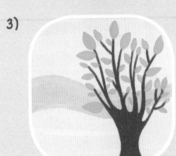

4)

1) 재미있고 솔직한 사람입니다. 거짓말을 하지 않고 다른 사람의 말을 쉽게 믿는 편입니다. 이 사람하고는 항상 즐겁게 이야기를 할 수 있습니다.

2) 똑똑하고 생각이 많은 사람입니다. 좋은 아이디어를 많이 가지고 있고 혼자서 생각하는 시간을 아주 좋아합니다.

3) 사람들과 잘 어울리는 사람입니다. 친구들이 많고 다른 사람을 돕는 것을 좋아하는 따뜻한 사람입니다.

4) 자신감이 있는 사람입니다. 뭐든지 혼자 잘하는 사람이고 자신을 믿는 마음이 강합니다. 꿈을 이루려고 노력하는 것을 두려워하지 않습니다.

● 여러분의 성향과 비슷한 것 같아요? 친구하고 이야기하십시오.

# 여행 계획

 여행 계획에 대한 글을 읽고 이해할 수 있다.

 생각해 봐요

● 다음을 보고 무엇을 소개하고 있는지 이야기하십시오.

## 읽어요 1

**1** 다음을 읽고 체크리스트에 ✔표를 하십시오.

> 친구와 여행을 가기로 했습니다. 바다가 보고 싶어서 부산에 가려고 합니다. 부산에 가는 방법은 비행기, 버스, 기차 등 다양하지만 우리는 버스를 타기로 했습니다. 숙소도 미리 예약했습니다. 바다가 보이는 좋은 호텔입니다. 부산은 이것저것 볼거리가 많아서 2박 3일 정도 여행을 하면 좋겠지만 친구가 시간이 없어서 이번에는 하루만 자고 오려고 합니다.

| 여행 체크리스트 | | | | |
|---|---|---|---|---|
| 여행지 | 경주 | ☐ | 부산 | ☐ |
| 교통편 | 기차 | ☐ | 버스 | ☐ |
| 숙소 | 호텔 | ☐ | 게스트하우스 | ☐ |
| 일정 | 1박 2일 | ☐ | 2박 3일 | ☐ |

 **읽어요 2**

**1** 다음은 여행 안내 정보입니다. 여행 정보를 더 알려면 어디를 봐야 할지 알맞은 번호를 쓰십시오.

---

**축제 정보**　　　　　　　　　　　　　　① 축제 정보 등록/수정 요청

보령머드축제

가자! 보령으로, 놀자! 머드로

해마다 여름에 대천해수욕장에서 진흙으로 다양한 체험을 즐길 수 있는... 더보기 ④

| 지도 | 음식 ② | 관광 | 숙박 ③ |

* 기간　　07. 17(금)~07. 26(일)
* 장소　　대천해수욕장
* 주최　　보령시
* 요금　　[일반] 월~목: 12,000원 / 금~일: 14,000원
　　　　　[단체(20인 이상)]: 월~목: 11,000원 /
　　　　　　　　　　　　　　　　 금~일: 13,000원

♡ 5,249

---

**1)** 주변의 맛집, 먹을 거리를 알고 싶어요.　　　_____

**2)** 어떤 축제이고 무엇을 하는지 더 알고 싶어요.　_____

**3)** 아직 호텔 예약을 못 했어요.　　　　　　　_____


**2** 다시 읽고 이 축제에 대한 설명으로 맞는 것을 고르십시오.

① 7월 한 달 동안 축제를 합니다.

② 주중과 주말의 요금이 같습니다.

③ 산에서 하루를 보내는 체험을 합니다.

④ 20명 이상이면 할인을 받을 수 있습니다.

 **읽어요 3**

**1** 다음은 여행을 가기 전에 준비해야 하는 것들입니다. 읽고 ㉠, ㉡에 들어갈 알맞은 것을 찾아 쓰십시오.

| 여권 / 비자 만들기 | 항공권 구입하기 | 환전하기 |
|---|---|---|
| 숙소 예약하기 | 여행자 보험 들기 | 여행 짐 싸기 |

> ㉠
>
> 여행 날짜가 정해졌으면 항공권부터 알아봐야 합니다. 항공사마다 일 년 전부터 저렴한 항공권을 판매하기도 합니다. 또한 성수기보다는 비수기의 표가 싼데, 이 지역은 6~8월이 성수기이고 2월과 11월이 비수기입니다. 그리고 주중에 출발하는 표가 주말 출발보다 할인이 많이 됩니다. 같은 항공권도 항공사에서 사는 것보다 인터넷 예약 사이트나 여행사에서 사는 것이 더 좋습니다.
>
> ㉡
>
> 이 지역의 숙소는 최고급부터 비즈니스호텔, 호스텔, 배낭족을 위한 게스트하우스까지 다양합니다. 보통 다른 지역의 호텔에서는 1인실, 2인실 등 사람 수에 따라 요금이 달라지는데 이 지역은 방 1개 단위로 요금을 받습니다.

**2** 다시 읽고 내용과 같은 것을 고르십시오.

① 항공권은 항공사 홈페이지에서 사는 것이 가장 쌉니다.

② 이 지역은 호텔은 많지만 게스트하우스는 별로 없습니다.

③ 2월과 11월에는 이 지역을 여행하는 사람이 적은 편입니다.

| 여행 계획에 대한 글을 읽고 이해할 수 있어요? | ☆ ☆ ☆ ☆ ☆ |
|---|---|

## 더 읽어요

● 다음을 읽고 내용과 같으면 ○, 다르면 ×에 표시하십시오.

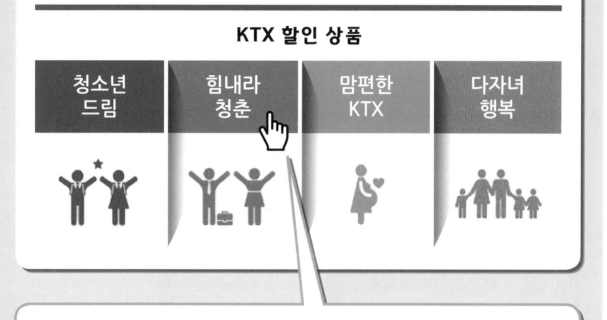

### KTX 할인 상품

| 청소년<br>드림 | 힘내라<br>청춘 | 맘편한<br>KTX | 다자녀<br>행복 |
| --- | --- | --- | --- |

"힘내라, 청춘" 코레일 멤버십 회원 중에서 25~33세는 10~40% 할인 받을 수 있습니다.

출발 하루 전까지 살 수 있고 한 사람이 하루에 한 장만 이용 가능합니다.

※ 코레일 멤버십 회원만 가능하니 꼭 홈페이지에서 미리 가입하십시오.

1) 10~40% 할인을 받으려면 코레일 회원으로 가입해야 합니다.    ○   ×

2) '힘내라, 청춘' 티켓을 사면 하루 동안 여러 번 사용할 수 있습니다.    ○   ×

# 읽기 6
# 생활용품 구입

 생활용품 구입에 대한 글을 읽고 이해할 수 있다.

 생각해 봐요

● 다음을 보고 무엇을 광고하고 있는지, 어떤 특징이 있는지 이야기하십시오.

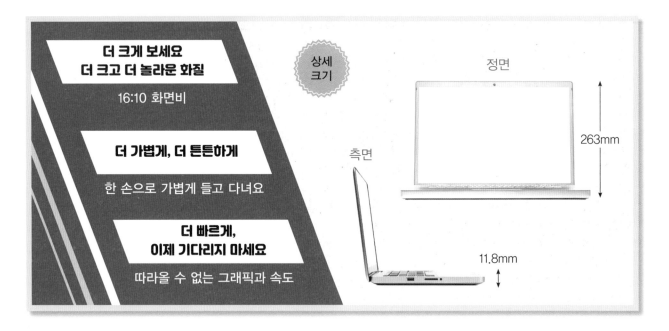

 읽어요 1

1 다음을 읽고 어떤 물건에 대한 설명인지 맞는 번호를 쓰십시오.

1) 더운 여름에 꼭 필요한 물건입니다. 가지고 다니기 좋게 작은 크기로 만든 것도 있습니다.

2) 여기에 음식을 넣으면 오래 두고 먹을 수 있습니다. 아이스크림처럼 차가운 음식도 보관할 수 있습니다.

3) 집을 깨끗하게 만들 때 쓰는 물건입니다. 여기저기 장소를 옮기면서 쓰는
   물건이니까 가벼운 것이 좋습니다.

4) 샤워한 후에 이 물건이 필요합니다. 요즘 다양한 기능이 있어서 여러 가지
   방법으로 멋있는 머리 모양을 만들 수 있습니다.

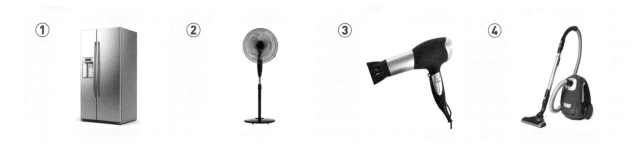

①      ②      ③      ④

 **읽어요 2**

**1** 다음을 읽고 이 사람이 왜 이 글을 썼는지 고르십시오.

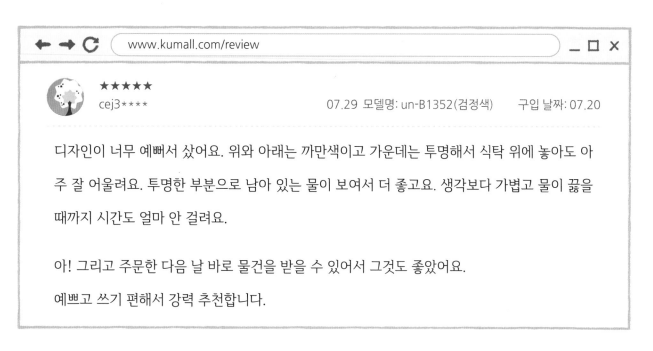

www.kumall.com/review

★★★★★
cej3****　　　　　　　07.29 모델명: un-B1352(검정색)　　　구입 날짜: 07.20

디자인이 너무 예뻐서 샀어요. 위와 아래는 까만색이고 가운데는 투명해서 식탁 위에 놓아도 아

주 잘 어울려요. 투명한 부분으로 남아 있는 물이 보여서 더 좋고요. 생각보다 가볍고 물이 끓을

때까지 시간도 얼마 안 걸려요.

아! 그리고 주문한 다음 날 바로 물건을 받을 수 있어서 그것도 좋았어요.

예쁘고 쓰기 편해서 강력 추천합니다.

① 구입한 상품에 문제가 있어서 바꾸려고

② 상품을 구입한 후 느낀 점을 알려 주려고

③ 새로 나온 상품의 배송 방법을 물어보려고

**2** 다시 읽고 이 사람이 산 물건을 고르십시오.

① 　② 　③ 　④

 ## 읽어요 3

**1** 다음을 읽고 지금 이 사람의 생각으로 알맞은 것을 고르십시오.

> 　저는 요리를 잘 못합니다. 그런데 친구가 전자레인지를 사용해서 여러 가지 음식을 쉽게 하는 것을 보고 저도 전자레인지를 사기로 했습니다. 마침 근처 마트에서 할인 행사를 하고 있었고 마트 점원이 하나를 추천해 주었습니다. 그 전자레인지는 요즘 유행하는 A 브랜드의 전자레인지와 디자인이 매우 비슷했고 성능도 좋은 것 같았습니다. 그런데 가격은 A 브랜드 것보다 훨씬 더 저렴했습니다. 저는 아주 만족해하면서 그 전자레인지를 사서 집으로 왔습니다.
>
> 　집에 와서 바로 사용해 봤습니다. 음식을 넣고 기다리는데 '윙-' 하는 크고 이상한 소리가 났습니다. 음식은 따뜻해지지 않고 여러 번 다시 해도 같았습니다. 내일 마트에 다시 가 봐야겠습니다. 가격, 디자인만 보고 산 것이 너무 후회가 됩니다.

① 성능만 좋으면 브랜드 이름은 중요하지 않지.

② 제품 정보를 잘 모를 때는 점원의 말을 들으면 돼.

③ 물건을 살 때는 가격, 디자인보다는 성능을 봐야겠어.

**2** 다시 읽고 내용과 같은 것을 고르십시오.

① 이 사람이 새로 산 전자레인지가 고장이 났습니다.

② 이 사람은 요리가 취미라서 여러 음식을 잘 만듭니다.

③ 이 사람은 요즘 유행하는 A 브랜드의 제품을 샀습니다.

생활용품 구입에 대한 글을 읽고 이해할 수 있어요?  ☆ ☆ ☆ ☆ ☆

---

 **더 읽어요**

● 다음을 읽고 무엇에 대한 글인지 고르십시오.

> **Q** 직접 조립해야 하는 건가요?
>
> **A** 안녕하세요? 고객님. 먼저 저희 상품을 구입해 주셔서 감사합니다. 본 상품은
> 배송을 받으신 후 고객님께서 직접 조립하셔야 하는 제품입니다. 감사합니다.

① 구매 후기      ② 교환 방법      ③ 상품 문의      ④ 배송 안내

# 읽기 7
# 내게 특별한 사람

 내게 특별한 사람에 대한 글을 읽고 이해할 수 있다.

 **생각해 봐요**

● 다음을 보고 누구에게 쓴 글인지 이야기하십시오.

사랑하는 부모님께,
♥ 엄마, 아빠, 잘 지내시죠? 저는 잘 지내고 있어요.
⋮

POST CARD

Message

보고 싶은 친구야~,
잘 지내지? 내가 여행을 떠난 지 벌써
한 달이 지났어. 나는 지금 이탈리아에 있어.
⋮

jus_2002
오빠 잘생겼어요!

bluepearl307
사랑해요

mingming_0519
항상 응원합니다. ♡♥🐹

full_ai_95
잘생겼다! 잘생기면 오빠다!!

♥ 좋아요 849개

 **읽어요 1**

**1** 다음을 보고 여러분이 해 본 경험에 ◯표를 하십시오.

| | | |
|---|---|---|
| 나는 친구의 소개로 사람을 만난 적이 있다. | 나는 좋아하는 사람 때문에 운 적이 있다. | 나는 내가 먼저 고백한 적이 있다. |
| 나는 헤어진 남자/여자 친구하고 다시 사귄 적이 있다. | 나는 짝사랑을 한 적이 있다. | 나는 한 번에 두 명을 좋아한 적이 있다. |
| 나는 첫눈에 반한 적이 있다. | 나는 다섯 살 이상이 많거나 적은 사람과 사귄 적이 있다. | 나는 다른 나라 사람하고 사귄 적이 있다. |

 읽어요 2

1 다음을 읽고 이 사람이 특별하게 생각하는 사람이 누구인지 쓰십시오.

처음 한국에 왔을 때 한국어를 하나도 하지 못했습니다. 그때 지금 살고 있는 집을 구했는데 처음에는 집주인 아주머니가 조금 무서웠습니다. 아주머니는 목소리도 크고 말도 빨리 하셔서 항상 화가 난 것처럼 보였습니다. 그리고 저를 보면 많은 말을 하셨는데 저는 이해할 수 없어서 웃기만 했습니다.

한국에 온 며칠 후, 긴 연휴가 있었습니다. '추석'이라고 했습니다. 사람들이 고향으로 내려가고 집 주위의 가게와 식당도 문을 닫은 곳이 많았습니다. 저는 밥도 먹지 않고 작은 방에서 하루를 보냈습니다. 가족도 보고 싶고, 너무 외롭고 슬펐습니다. 저녁이 됐을 때 집주인 아주머니가 맛있는 음식을 들고 저를 찾아왔습니다. 아주머니의 따뜻한 마음을 느낄 수 있었습니다.

한국어를 잘하게 되면서 아주머니와 이야기하는 것이 재미있어졌습니다. 지금도 우리는 처음 만났을 때 이야기를 자주 합니다.

**2** 다시 읽고 내용과 같은 것을 고르십시오.

① 아주머니는 조금 무섭고 화를 많이 내는 사람입니다.

② 아주머니는 이 사람이 한국 음식을 못 먹을까 봐 걱정했습니다.

③ 이 사람은 한국어 실력이 늘어서 요즘은 아주머니와 이야기를 잘합니다.

 읽어요 3

**1** 다음을 읽고 내용과 같으면 ○, 다르면 ✕에 표시하십시오.

> 대학교 때 집안이 어려워져서 학교를 휴학하고 강남에 있는 고급 식당에서 아르바이트를 했습니다. 유명한 식당이라서 운동선수, 가수, 배우들도 자주 찾는 식당이었습니다.
>
> 아르바이트를 시작한 지 일주일이 되었을 때 그날은 아침부터 몸이 안 좋았습니다. 집에서 쉬고 싶었지만 일을 하러 나갔습니다. 그날 마지막 예약 손님은 유명한 가수였는데 제가 주문을 잘못 받아서 다른 음식을 드리게 되었습니다. 바보 같은 실수를 한 것도, 아파도 쉴 수 없는 상황도 너무 슬퍼서 그만 눈물이 나왔습니다. 그때 그 가수가 저에게 손수건을 주면서 "힘내세요." 한 마디를 했습니다. 조용하고 따뜻한 목소리였습니다.
>
> 집으로 돌아가는 길에 그 가수의 노래를 찾아 들었습니다.
>
> '오늘 하루 쉴 숨이, 오늘 하루 쉴 곳이~' *
>
> 내 아픔과 슬픔을 모두 안아 주는 것 같았습니다. 그날부터 목소리만큼 마음도 따뜻한 그 가수는 내 인생의 가수가 되었습니다.

*〈숨〉, 박효신 노래, 박효신 · 김이나 작사, 《I am A Dreamer》, 2016.

1) 이 사람은 몸이 안 좋아서 휴학을 했습니다.

2) 이 사람은 유명한 가수에게 실수를 했습니다.

3) 이 사람은 가수의 노래를 듣고 울었습니다.  ○  ✕

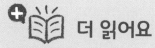 더 읽어요

● 다음을 읽고 여러분은 지금 어느 단계인지 이야기해 보십시오.

# 읽기 8
# 일상의 변화

일상의 변화에 대한 글을 읽고 이해할 수 있다.

  **생각해 봐요**

● 다음을 보고 무엇을 안내하고 있는지 이야기하십시오.

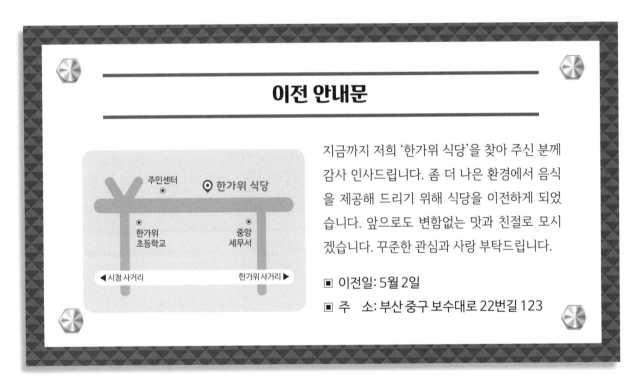

**이전 안내문**

지금까지 저희 '한가위 식당'을 찾아 주신 분께 감사 인사드립니다. 좀 더 나은 환경에서 음식을 제공해 드리기 위해 식당을 이전하게 되었습니다. 앞으로도 변함없는 맛과 친절로 모시겠습니다. 꾸준한 관심과 사랑 부탁드립니다.

▣ 이전일: 5월 2일
▣ 주　소: 부산 중구 보수대로 22번길 123

*(지도: 주민센터, 한가위 식당, 한가위 초등학교, 중앙 세무서, ◀시청 사거리, 한가위 사거리▶)*

  **읽어요 1**

**1** 다음을 읽고 빈칸에 들어갈 알맞은 단어를 찾아 쓰십시오.

| 모양 | 색깔 | 스타일 | 디자인 | 분위기 |

1) 이 배우는 사진마다 _____ 이/가 달라요. 이 사진은 정장을 입고 웃지 않고 있어서 좀 차가워 보이는데, 이 사진은 웃으면서 손을 흔들고 있어서 정말 귀엽고 따뜻해 보이네요.

2) 저는 공부를 할 때 조용해야 합니다. 그래야 집중이 잘되거든요. 그런데 제 친구는 음악을 들으면서 하는 것을 좋아합니다. 공부하는 _____ 이/가 달라서 같이 공부하기 힘들어요.

3) 어렸을 때 눈이 쌓이면 눈사람을 자주 만들었는데요. 눈사람 _____ 이/가 나라마다 다른 것을 아세요? 한국은 보통 머리와 몸, 두 개의 동그라미로 표현하는데요. 세 개로 표현하는 나라도 많대요.

## 읽어요 2

**1** 다음을 읽고 이 사람의 생활이 바뀌게 된 것은 무엇 때문인지 고르십시오.

회사에 다닌 지 7년이 되었습니다. 더 이상 새로운 것도 없고 매일매일 비슷한 일상이 계속되다 보니 모든 것이 재미없어졌습니다. 생활에 변화를 주고 싶어도 방법을 몰랐습니다. 그때 친구가 이 작은 나무 화분을 선물로 주었습니다. 나무를 잘 키우는 방법이 쓰여 있는 편지도 같이요.

그날부터 매일 할 일이 생겼습니다. 아침에 출근을 하면 먼저 창문을 열어 시원한 바람이 들어오게 합니다. 그리고 따뜻한 햇빛이 있는 곳에 나무 화분을 옮깁니다. 일주일에 한 번 물을 줍니다. 가끔 나뭇잎도 깨끗하게 닦아 줍니다. 그럴 때 예쁜 말을 많이 해 줍니다. "오늘은 키가 더 컸네." "오늘은 색깔도 더 예쁘구나." 이렇게요. 나무를 키우면서 저는 더 부지런해지고 더 밝아졌습니다. 하고 싶은 일도 많아졌습니다.

① 나무를 키웠습니다.

② 회사를 옮겼습니다.

③ 친구에게 선물을 줬습니다.

④ 회사에 일찍 출근을 했습니다.

2 다시 읽고 이 사람이 출근한 후 하는 일이 <u>아닌</u> 것을 고르십시오.

①
②
③
④

 **읽어요 3**

1 다음을 읽고 무엇에 대해 쓴 글인지 고르십시오.

혼자 사는 사람이 많아지고 있습니다. 좁은 집에도 필요한 가구를 다 놓아야 해서 좀 답답하시지요? 작은 집도 넓어 보이는 방법을 소개합니다.

⊙ **바닥과 벽은 밝은 색으로**

인테리어를 할 때 쉽게 더러워지지 않고 오래 사용할 수 있어서 어두운 색을 선택하는 경우가 많은데 방이 시원하고 넓어 보이게 하려면 밝은 색을 사용하는 것이 좋습니다. 특히 바닥이나 벽의 색깔은 흰색과 같은 밝은 색을 사용하십시오.

⊙ **가구는 작은 것으로**

너무 큰 가구가 있으면 방이 답답해 보이니까 가구는 작은 것을 놓는 것이 좋습니다. 가구의 높이를 비슷하게 맞추면 더욱 깔끔해 보입니다. 또한 가구의 색도 벽이나 바닥 색에 맞추어 비슷한 색으로 배치하면 방이 훨씬 더 넓어 보입니다.

① 좁은 집에 어울리는 색

② 혼자 살 때 필요한 가구

③ 넓어 보이는 인테리어 방법

**2** 다시 읽고 내용과 같은 것을 고르십시오.

① 좁은 방에는 큰 가구 한두 개만 놓는 것이 좋습니다.

② 바닥 색보다 어두운 색 벽지를 선택하는 것이 좋습니다.

③ 가구의 색을 바닥 색과 비슷하게 맞추는 것이 좋습니다.

> 일상의 변화에 대한 글을 읽고 이해할 수 있어요?     ☆ ☆ ☆ ☆ ☆ ☆

 **더 읽어요**

● 다음을 읽고 ㉠에 들어갈 알맞은 말을 고르십시오.

> 내 앞에서 한 사람이 걸어옵니다. 그 사람은 친구도 없이 혼자서 걷고 있는데 웃으면서 이야기를 하고 있습니다. '혹시 이상한 사람 아니야?' 생각하고 있는데 가까이에서 보니 귀에 작은 이어폰이 있습니다. 블루투스(Bluetooth) 이어폰입니다.
>
> 유선 이어폰이 휴대폰과 선으로 연결되어 있다면, 블루투스 무선 이어폰은 선이 없이 음악을 듣고 통화를 할 수 있습니다. 그래서 이 방에서 저 방으로 옮겨 다니면서 음악을 들을 수 있고, 선이 없기 때문에 음악을 들으면서 다른 일을 쉽게 할 수 있습니다. "한 번도 사용하지 않은 사람은 있어도 한 번만 사용한 사람은 없다."는 말이 블루투스 이어폰의 [ ㉠ ]을 잘 보여 줍니다. 작은 변화가 우리의 생활을 바꿉니다.

① 가벼움          ② 깨끗함          ③ 어려움          ④ 편리함

# 당황스러운 일

 당황스러운 일에 대한 글을 읽고 이해할 수 있다.

 **생각해 봐요**

● 다음을 보고 무슨 문제가 생겼는지 이야기하십시오.

 **읽어요 1**

1 다음을 읽고 그림에서 읽은 내용과 다른 부분에 ◯표를 하십시오.

집 앞에 도착했을 때 기분이 이상했습니다. 제 방의 창문이 열려 있고 불도 켜져 있었기 때문입니다. 분명히 불을 끄고 창문도 닫고 나갔는데요. 도둑을 맞은 것 같아서 방으로 뛰어 들어갔습니다. 제일 먼저 책상 위에 있던 노트북을 찾았습니다. 노트북은 책상 아래에 떨어져 있었는데 얼른 켜 보니 다행히 잘 켜졌습니다. 노트북 옆에는 컵이 하나 깨져 있고 갈색 물이 있었습니다. 컵을 떨어뜨리면서 컵 안에 있던 커피도 쏟은 것 같습니다. 잃어버린 물건도 없고, 도둑이 아니라 고양이가 왔다 갔을까요?

 ## 읽어요 2

**1** 다음을 읽고 밑줄 친 부분의 감정으로 알맞지 <u>않은</u> 것을 고르십시오.

> 어제는 친구 집에 놀러 갔습니다. 아파트에 도착해 엘리베이터를 탔는데 올라가다가 갑자기 엘리베이터가 멈추고 불이 꺼졌습니다. 너무 놀라서 이것저것을 눌러 봤지만 문은 열리지 않았습니다. <u>친구에게 전화를 했는데 엘리베이터 안이라서 전화는 계속 끊기고 친구의 목소리도 들리지 않았습니다.</u> 그때 갑자기 밖에서 친구와 어떤 남자의 목소리가 들렸고 잠시 후에 불이 켜지고 문도 열렸습니다. 친구의 얼굴을 보는 순간 눈물이 났습니다. 그런데 내리고 나서 엘리베이터 문을 보니 '엘리베이터 고장, 계단 이용 바람' 종이가 붙어 있었습니다. 약속 시간보다 늦어서 급하게 타느라고 그 종이를 못 본 것이었습니다. 너무 놀랐지만 다치지 않아서 다행인 하루였습니다.

① 무섭다

② 외롭다

③ 답답하다

④ 당황스럽다

**2** 다시 읽고 내용과 같은 것을 고르십시오.

① 엘리베이터에서 친구와 전화를 하다가 울었습니다.

② 엘리베이터가 고장 나서 계단으로 올라갔습니다.

③ 엘리베이터에 붙어 있는 종이를 못 보고 엘리베이터를 탔습니다.

④ 엘리베이터에서 휴대폰이 갑자기 고장 나서 연락할 수 없었습니다.

 읽어요 3

**1** 다음을 읽고 이 글을 요약한 문장을 고르십시오.

어제 오전 10시쯤 163번 버스를 탄 외국인 A 씨가 깜빡 잊고 차에 가방을 두고 내렸습니다. 가방 안에는 지갑과 수첩 등이 들어 있었습니다.

가방을 버스에 놓고 내린 것을 안 A 씨는 바로 가까운 경찰서에 찾아가 이야기했습니다. 그때 A 씨에게 전화가 왔는데 전화를 한 사람은 A 씨가 조금 전에 탔던 버스의 운전기사 이봉식(54) 씨였습니다. 이 씨는 버스에 놓여 있는 가방을 발견하고 가방 안 수첩에 쓰여 있는 전화번호로 전화를 한 것이었습니다. 가방을 찾은 A 씨는 운전기사와 경찰에게 감사의 인사를 했습니다.

① 외국인이 버스 운전기사를 도와주었습니다.

② 버스 운전기사가 외국인의 가방을 찾아 주었습니다.

③ 외국인이 버스에서 경찰에게 전화를 했습니다.

**2** 다시 읽고 내용과 같은 것을 고르십시오.

① 경찰이 버스에서 가방을 발견했습니다.

② 외국인 A 씨는 전화를 하면서 버스에서 내렸습니다.

③ 가방 안에 있던 수첩에 연락처가 쓰여 있었습니다.

| 당황스러운 일에 대한 글을 읽고 이해할 수 있어요? | ☆ ☆ ☆ ☆ ☆ |
|---|---|

## 더 읽어요

● 다음을 읽고 맞는 그림을 연결하십시오.

1) 젖은 손으로 절대 만지지 마십시오.     •          • ①

2) 무거운 물건을 올려놓지 마십시오.     •          • ②

3) 아이가 만질 수 없는 곳에 두십시오.     •          • ③

4) 습기가 많은 곳에 두지 마십시오.     •          • ④

5) 깨질 수 있으니 던지지 마십시오.     •          • ⑤

# 읽기 10
# 생활비 관리

생활비 관리에 대한 글을 읽고 이해할 수 있다.

## 생각해 봐요

● 다음을 보고 이것이 무엇인지 이야기하십시오.

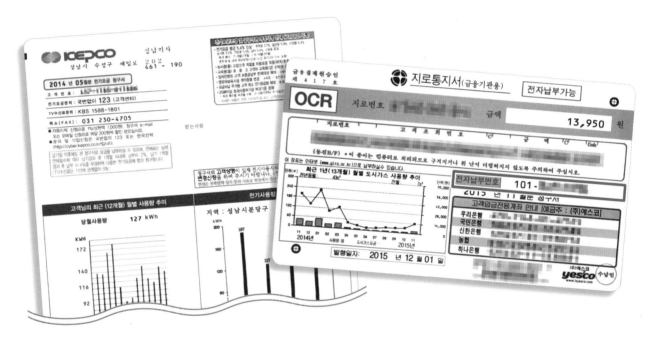

## 읽어요 1

1 다음을 읽고 이 사람은 요즘 어디에 생활비를 쓰는지 찾아 쓰십시오.

| 식비 | 생필품 구입비 | 병원비 | 기름값 | 수도 요금 |

1) 지난주에 농구를 하다가 다리를 다쳐서 일주일 동안 병원에 다녔다. _____

2) 요즘은 여름이라서 자주 샤워를 한다. 그래서 다른 때보다 물을 많이 쓴다. _____

**3)** 원룸으로 새로 이사를 해서 주말에 이것저것 필요한 것을 많이 샀다.    _____

**4)** 작년에 차를 사고 난 후부터 차로 출퇴근을 해서 돈이 많이 든다.    _____

 ## 읽어요 2

**1** 다음을 읽고 ㉠~㉢과 바꿔 쓸 수 있는 말로 알맞은 것을 고르십시오.

> 한 달 동안 열심히 일해서 월급을 받아도 월급날이 지나면 다 사라져 버리는 마법, 다 경험해
> 보셨지요? 돈을 버는 것도 중요하지만 그만큼 돈을 잘 쓰고 모으는 것도 중요합니다.
>
> 전에는 '가계부 쓰기' 같은 것을 강조했는데요. ㉠돈이 들어오고 ㉡나가는 것을 확인하고 ㉢돈
> 을 쓰는 습관을 볼 수 있어서 도움이 되었기 때문입니다. 이것만으로는 돈을 모으는 것이 잘되지
> 않습니다.
>
> 이때 필요한 것이 통장을 나누는 것입니다. 통장을 여러 개 만들어 두면 지출을 관리할 수 있고
> 저축도 계획적으로 할 수 있습니다.
>
> **1. 월급 통장:** 월급이 들어오는 통장으로, 매월 똑같이 나가는 지출(월세, 교육비 등)을 관리합
> 니다. 돈이 나가는 날짜를 같은 날로 정하는 게 좋습니다.
>
> **2. 생활비 통장:** 매월 조금씩 다르게 나가는 지출(식비, 교통비, 문화생활비 등)을 관리합니다.
> 정해 놓은 금액보다 적게 쓰는 노력이 필요합니다.
>
> **3. 비상금 통장:** 갑자기 큰돈을 써야 할 때를 준비하는 통장입니다.
>
> **4. 투자 통장:** 저축, 적금, 주식

① ㉠ 지출, ㉡ 소비, ㉢ 수입    ② ㉠ 관리, ㉡ 지출, ㉢ 소비

③ ㉠ 수입, ㉡ 소비, ㉢ 관리    ④ ㉠ 수입, ㉡ 지출, ㉢ 소비

**2** 다시 읽고 내용과 같은 것을 고르십시오.

① 가계부 쓰기를 해도 내 지출 습관을 알기는 어렵습니다.

② '생활비 통장'의 지출일을 같은 날짜로 하는 것이 좋습니다.

③ 모든 소비 항목을 하나의 통장에서 나가도록 하는 것이 좋습니다.

④ 돈을 잘 쓰고 모으려면 통장을 여러 개로 나누어 관리하는 게 좋습니다.

 **읽어요 3**

**1** 다음 가계부를 읽고 어느 달에 더 생활비를 아껴 썼는지 쓰십시오.

⟨ **5월** ⟩

| 수입 | 1,500,000 원 |
| 지출 | 860,000 원 |

현금 : 535,000원  카드 : 325,000원

| 저축 | 640,000 원 |

**지출 내역**

| ■ 저축 | 640,000원 |
| ■ 교육비 | 150,000원 |
| ■ 식비 | 310,000원 |
| ■ 의류구입비 | 150,000원 |
| ■ 교통비 | 80,000원 |
| ■ 통신비 | 70,000원 |
| ■ 병원비 | 100,000원 |

⟨ **6월** ⟩

| 수입 | 1,500,000 원 |
| 지출 | 1,380,000 원 |

현금 : 520,000원  카드 : 860,000원

| 저축 | 120,000 원 |

**지출 내역**

| ■ 저축 | 120,000원 |
| ■ 교육비 | 150,000원 |
| ■ 식비 | 420,000원 |
| ■ 의류구입비 | 550,000원 |
| ■ 교통비 | 180,000원 |
| ■ 통신비 | 80,000원 |

**2** 다시 읽고 내용과 같으면 ○, 다르면 ✕에 표시하십시오.

1) 식비는 5월보다 6월에 더 많이 썼다.  ○  ✕

2) 6월에는 카드보다 현금으로 지출을 더 많이 했다.  ○  ✕

3) 5월 생활비 중에서 가장 많이 쓴 항목은 교육비이다.  ○  ✕

| 생활비 관리에 대한 글을 읽고 이해할 수 있어요? | ☆ ☆ ☆ ☆ ☆ |
| --- | --- |

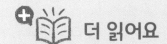 더 읽어요

● 다음 책 제목을 읽고 무엇에 대한 책인지 이야기하십시오.

# 읽기 11
# 문의·부탁 이메일

문의·부탁의 이메일을 읽고 그 특징을 이해할 수 있다.

## 생각해 봐요

● 다음을 보고 누구의 메일인지, 이 사람에게 누가 메일을 보냈는지 이야기하십시오.

## 읽어요 1

1 다음을 읽고 물어보는 문장이면  문의  에, 부탁하는 문장이면  부탁  에 ✔표를 하십시오.

1) 이메일로 제출해도 됩니까?                          ☐ 문의          ☐ 부탁

2) 수업 자료 좀 다시 보내 주실 수 있으세요?          ☐ 문의          ☐ 부탁

**3)** 필요한 서류를 알려 주시면 감사하겠습니다.　　　☐ 문의　　　☐ 부탁

**4)** 내일 회식 장소 좀 예약해 주시겠어요?　　　☐ 문의　　　☐ 부탁

 **읽어요 2**

**1** 다음을 읽고 이 사람이 왜 메일을 썼는지 글에서 찾아 쓰십시오.

---

← 　　　　　　　　　　　　　　　　　　　↰　🗑　•••

보낸 사람 🔽 　ming2@KUmail.com

받는 사람 　　고려대학교 한국어센터

정규 과정 신청 서류　　　　　　　　　　9월 ○○일 (화) 오후 3:29　☆

안녕하세요? 저는 아이나라고 합니다.

한국어 정규 과정 신청 서류에 대해 문의하려고 이렇게 메일을 보냅니다.

저는 작년에 고려대학교 한국어센터에서 3급을 수료했습니다. 그리고 이번 가을 학기부터

다시 고려대학교에서 공부하려고 합니다. 이번에는 1년 동안 한국에 있을 계획입니다.

작년에 한국어 과정에 처음 신청할 때 필요한 서류를 모두 제출했습니다. 그런데 이번에

신청할 때도 모든 서류를 다 내야 합니까? 필요한 서류를 알려 주시면 감사하겠습니다.

그럼 답장을 기다리겠습니다. 감사합니다.

아이나 드림

---

[　　　　　　　　　　　　　　　　　　　　　　　　　　　　　]

**2** 다시 읽고 내용과 같은 것을 고르십시오.

① 아이나 씨는 한국에 산 지 이제 일 년이 되었다.

② 아이나 씨는 이번 가을에 한국어 3급을 수료했다.

③ 아이나 씨는 고려대학교 한국어센터에 다닌 적이 있다.

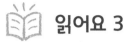 읽어요 3

**1** 다음을 읽고 이 사람이 왜 메일을 보냈는지 쓰십시오.

---

✕                                         내게 쓰기 ✈

받는 사람 🔽     김유환 교수(국어국문학과)

제목           대학원 지원 서류의 피드백을 부탁드리고 싶습니다.

---

안녕하세요, 김유환 교수님.

저는 이번 학기 교수님의 <한국어 고급 작문> 수업을 듣고 있는 장카이라고 합니다.

교수님께 부탁드리고 싶은 일이 있어서 이렇게 메일을 드립니다.

저는 고려대학교 경영학과 대학원에 지원하려고 준비 중입니다. 제출 서류 중에 '자기소개서'가

있는데 아직 한국어가 부족해서 자신이 없습니다.

혹시 시간이 되시면 제가 쓴 '자기소개서'를 읽고 확인해 주실 수 있으세요? 학교 일로 바쁘시겠

지만 도와주시면 감사하겠습니다.

교수님께서 허락해 주시면 이메일로 자기소개서를 보내 드리겠습니다. 그럼 답장을 기다리겠습

니다. 감사합니다.

장카이 올림

---

┌─────────────────────────────────────────────┐
│                                             │
└─────────────────────────────────────────────┘

**2** 다시 읽고 내용과 같은 것을 고르십시오.

① 장카이 씨는 고려대학교 대학원 학생이다.

② 장카이 씨는 김유환 교수님께 자기소개서를 보냈다.

③ 장카이 씨는 김유환 교수님께 한국어 수업을 듣고 있다.

---

| 문의 · 부탁의 이메일을 읽고 그 특징을 이해할 수 있어요? | ☆ ☆ ☆ ☆ ☆ |
| --- | --- |

# 더 읽어요

● 다음을 읽고 내용과 같으면 ○, 다르면 ×에 표시하십시오.

보내는 사람 ⊙  서울도서관

Re: 도서관 이용 방법 문의                    10월 ○○일 (금) 오후 1:42

안녕하십니까? 서울도서관입니다.

저희 서울도서관에 관심을 가져 주셔서 감사합니다.

저희 도서관은 서울특별시에 살고 있는 외국인도 이용하실 수 있습니다.

귀하께서 문의하신 도서관 이용 방법을 알려 드립니다.

먼저 저희 도서관 홈페이지에서 회원 가입을 하셔야 합니다. 회원 가입을 하신 후에는 신분증을 가지고 도서관 2층 '디지털 자료실'을 방문하시면 도서관 이용증을 발급해 드립니다.

도서관 이용증 발급은 평일은 오전 9시 30분부터 오후 8시까지, 주말은 오전 9시 30분부터 오후 5시까지 가능합니다. 이용에 참고하시기 바랍니다.

감사합니다.

1) 도서관 이용증은 주말에는 신청할 수 없다.          ○    ✕

2) 도서관 이용증을 만들려면 신분증이 필요하다.       ○    ✕

3) 도서관 이용증은 홈페이지에서 만들 수 있다.         ○    ✕

# 읽기 12
# 초성 퀴즈

● 무엇을 설명하는지 다음과 같이 맞혀 보십시오.

ㅅㄴㄱ

여름에 갑자기 내리는 비. 짧게 내리다가 그치는 때가 많다.

힌트 2과 날씨의 변화    정답 소나기

1

ㅎㅇㄷㄹㅇㅇ

머리가 젖었을 때 필요한 것. 찬 바람이나 더운 바람이 나온다.

힌트 6과 생활용품 구입

2

ㅅㅇㅋㄷ

네모난 모양. 손바닥만 한 크기. 현금이 없을 때 이것으로 물건을 살 수 있다.

힌트 10과 생활비 관리

3

ㅊㅅㅈㅇㅈ

고기 종류를 먹지 않는 사람. 주로 채소, 과일들을 먹는다.

힌트 3과 새로운 생활

**4**

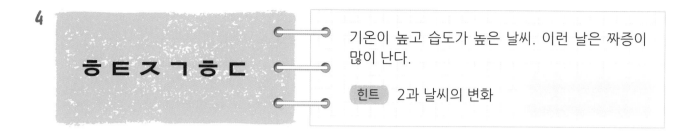

ㅎㅌㅈㄱㅎㄷ

○───○ 기온이 높고 습도가 높은 날씨. 이런 날은 짜증이
○───○ 많이 난다.
○───○ [힌트] 2과 날씨의 변화

**5**

ㅇㅇㅇ

○───○ 가수, 영화배우와 같은 사람을 부르는 말. 이 직업
○───○ 을 갖고 싶어 하는 사람이 많아졌다.
○───○ [힌트] 7과 내게 특별한 사람

**6**

ㄷㅇㅊㄱ

○───○ 그날 시작해서 그날 끝내는 것. 시간이 없어서 이
○───○ 번 여행은 OOOO로 다녀왔다.
○───○ [힌트] 5과 여행 계획

**7**

ㅈㅅㄱ

○───○ '잘할 수 있다!'고 생각하는 마음. 어려운 일을 만났
○───○ 을 때에도 OOO을 가져야 한다.
○───○ [힌트] 4과 나의 성향

**8**

ㅈㅈㅂㅎㄷ

○───○ 정리가 안 되어 더러운 느낌이 있다. 책상이 너무
○───○ ○○○○○ 공부하기가 싫다.
○───○ [힌트] 8과 일상의 변화

# 정답

## 1과 소개

● 읽어요 1
1) ④          2) ③          3) ①
4) ⑥

● 읽어요 2
1 ③
2 ①

● 읽어요 3
1 ④
2 ③

● 더 읽어요
Ⓐ-② Ⓑ-③

## 2과 날씨의 변화

● 읽어요 1
1) ✕          2) ✕          3) ◯
4) ◯

● 읽어요 2
1
1) ✕          2) ◯
2 ①

● 읽어요 3
1 ③
2 비가 많이 오는/내리는 때입니다.

● 더 읽어요
①

## 3과 새로운 생활

● 읽어요 1
1) 채식주의자
2) 사다 먹다
3) 국
4) 시켜 먹다

● 읽어요 2
1 ②
2 ②

● 읽어요 3
1) ①          2) ③          3) ②

● 더 읽어요
열다 → 꺼내다 → 붓다 → 닫다 → 버리다 → 넣다 → 섞다

## 4과 나의 성향

● 읽어요 1
1) ⑤          2) ③          3) ④

● 읽어요 2
1 ①
2 ①

● 읽어요 3
1 ②
2 ④

## 5과   여행 계획

● 읽어요 1

| 여행 체크리스트 | | | |
|---|---|---|---|
| 여행지 | 경주 ☐ | 부산 | ☑ |
| 교통편 | 기차 ☐ | 버스 | ☑ |
| 숙소 | 호텔 ☑ | 게스트하우스 | ☐ |
| 일정 | 1박 2일 ☑ | 2박 3일 | ☐ |

● 읽어요 2

**1**

1) ②      2) ④      3) ③

**2** ④

● 읽어요 3

**1** ㉠ 항공권 구입하기

㉡ 숙소 예약하기

**2** ③

● 더 읽어요

1) ◯      2) ✕

## 6과   생활용품 구입

● 읽어요 1

1) ②      2) ①      3) ④

4) ③

● 읽어요 2

**1** ②

**2** ④

● 읽어요 3

**1** ③

**2** ①

● 더 읽어요

③

## 7과   내게 특별한 사람

● 읽어요 2

**1** 집주인 아주머니

**2** ③

● 읽어요 3

1) ✕      2) ◯      3) ✕

## 8과   일상의 변화

● 읽어요 1

1) 분위기

2) 스타일

3) 모양/스타일

● 읽어요 2

**1** ①

**2** ③

● 읽어요 3

**1** ③

**2** ③

● 더 읽어요

④

## 9과 당황스러운 일

● 읽어요 1

● 읽어요 2

**1** ②

**2** ③

● 읽어요 3

**1** ②

**2** ③

● 더 읽어요

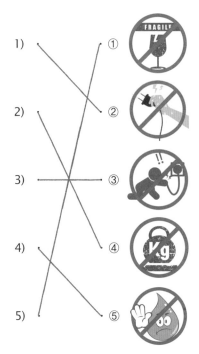

## 10과 생활비 관리

● 읽어요 1

1) 병원비

2) 수도 요금

3) 생필품 구입비

4) 기름값

● 읽어요 2

**1** ④

**2** ④

● 읽어요 3

**1** 5월

**2**

1) ○          2) ✕          3) ✕

## 11과 문의·부탁 이메일

● 읽어요 1

1) ✓ 문의      ☐ 부탁

2) ☐ 문의      ✓ 부탁

3) ✓ 문의      ☐ 부탁

4) ☐ 문의      ✓ 부탁

● 읽어요 2

**1** 한국어 정규 과정 신청 서류에 대해 문의하려고

**2** ③

● 읽어요 3

**1** 자기소개서 확인을 부탁하려고

**2** ③

● 더 읽어요

1) ✕          2) ○          3) ✕

## 12과 초성 퀴즈

1 헤어드라이어

2 신용카드

3 채식주의자

4 후텁지근하다

5 연예인

6 당일치기

7 자신감

8 지저분하다

# 고려대 재미있는 한국어 ③

## 읽기 Reading

| | |
|---|---|
| **초판 발행 1쇄** | 2020년 9월 25일 |
| **지은이** | 고려대학교 한국어센터 |
| **펴낸곳** | 고려대학교출판문화원 |
| | www.kupress.com |
| | kupress@korea.ac.kr |
| | 02841 서울특별시 성북구 안암로 145 |
| | Tel    02-3290-4230, 4232 |
| | Fax   02-923-6311 |
| **유통** | 한글파크 |
| | www.sisabooks.com/hangeul |
| | book_korean@sisadream.com |
| | 03017  서울시 종로구 자하문로 300 시사빌딩 |
| | Tel    1588-1582 |
| | Fax   0502-989-9592 |
| **일러스트** | 정회린, 황주리 |
| **편집디자인** | 한글파크 |
| **찍은곳** | (주)동화인쇄 |
| **ISBN** | 979-11-90205-00-9 (세트) |
| | 979-11-90205-94-8  04710 |

값 12,000원